GEORGES COURTELINE

MONSIEUR BADIN

Un acte

L'EXTRA-LUCIDE

Un acte

PARIS — Ernest FLAMMARION, éditeur, 26, rue Racine. — PARIS

Monsieur Badin

SCÈNE DE LA VIE DE BUREAU

Représenté pour la première fois au théâtre du GRAND-GUIGNOL le mardi 13 avril 1897.

Monsieur Badin

SCÈNE DE LA VIE DE BUREAU

Représenté pour la première fois au théâtre du GRAND-GUIGNOL
le mardi 13 *avril* 1897.

OUVRAGES DE GEORGES COURTELINE

ROMANS

Les Gaietés de l'escadron (illustrations en couleurs de GUILLAUME) (15ᵉ *mille*)	1 vol.	3 fr. 50
Les Femmes d'amis (6ᵉ *mille*)	—	3 fr. 50
Le Train de 8 h. 47 (illustrations en couleurs de GUILLAUME) (30ᵉ *mille*)	—	3 fr. 50
Lidoire et Potiron (illustrations en couleurs de GUILLAUME) (20ᵉ *mille*)	—	3 fr. 50
Messieurs les ronds-de-cuir (10ᵉ *mille*)	—	3 fr. 50
Ah! Jeunesse! (7ᵉ *mille*)	—	3 fr. 50
Un Client sérieux (10ᵉ *mille*)	—	3 fr. 50
La Vie de caserne (illustrations de DUPRAY), 1 vol. in-4°.		20 fr.
Le 51ᵉ chasseurs	1 vol.	0 fr. 60
Madelon, Margot et Cⁱᵉ	—	0 fr. 60
Les Facéties de Jean de la Butte	—	0 fr. 60
Ombres parisiennes	—	0 fr. 60

LE TRAIN DE 8 h. 47

édition populaire illustrée en livraisons à 0 fr. 10.

L'œuvre complète. Prix : 10 *francs.*

THÉATRE

Le Gendarme est sans pitié.
Boubouroche.
Lidoire.
La Peur des coups.
Le Droit aux étrennes.
Théodore cherche des allumettes.
Hortense, couche-toi.

Un Client sérieux.
La Cinquantaine.
La Voiture versée.
Les Gaietés de l'escadron.
Les Boulingrin.
Gros Chagrins

38832. — Imprimerie LAHURE, rue de Fleurus, 9, Paris.

Georges COURTELINE

Monsieur Badin

SCÈNE DE LA VIE DE BUREAU

SAYNÈTE EN UN ACTE

ET

L'Extra-Lucide

SAYNÈTE EN UN ACTE

PARIS
ERNEST FLAMMARION, ÉDITEUR
26, RUE RACINE, 26

PERSONNAGES

LE DIRECTEUR . . . . { ALBERT MAYER.
                                     { P. DORNANS.

MONSIEUR BADIN . . . .   ROBERT LAGRANGE

OVIDE . . . .   JOVENET.

Les simili-gravures ont été reproduites d'après les photographies de MM. CAUTIN et BERGER.

Monsieur Badin

Le cabinet du directeur. Celui-ci, installé à sa table de travail, donne des signatures qu'il éponge aussitôt.
Brusquement, il s'interrompt, allonge la main vers un cordon de sonnette.
Sonnerie à la cantonade.
La porte s'ouvre. Le garçon de bureau apparaît.

LE DIRECTEUR

C'est vous, Ovide?

OVIDE

Oui, Monsieur le Directeur.

LE DIRECTEUR

Est-ce que M. Badin est venu?

OVIDE

Oui, Monsieur le Directeur.

LE DIRECTEUR, stupéfait.

Monsieur Badin est là?

OVIDE

Parfaitement.

LE DIRECTEUR

Réfléchissez bien à ce que vous dites. Je vous demande si M. Badin, l'expéditionnaire du troisième bureau, est à son poste, oui ou non.

OVIDE

Monsieur le Directeur, il y est!

LE DIRECTEUR, soupçonneux.

Ovide, vous avez bu.

OVIDE, désespéré.

Moi !...

LE DIRECTEUR

Allons! avouez la vérité ; je ne vous dirai rien pour cette fois.

OVIDE, des larmes dans la voix.

Monsieur le Directeur, je vous jure !... J'ai bu qu'un verre de coco.

LE DIRECTEUR à lui-même.

La présence de M. Badin au ministère constitue un tel phénomène, une telle anomalie !... Enfin, nous allons bien voir. — Allez me chercher M. Badin.

OVIDE

Bien, Monsieur le Directeur.

Il sort. Le directeur s'est remis à la besogne. Long silence. Enfin, à la porte, trois petits coups.

LE DIRECTEUR

Entrez !

Apparition de M. Badin.

M. BADIN, saluant jusqu'à terre.

Monsieur le Directeur...

LE DIRECTEUR, toujours plongé dans ses signatures.

Bonjour, Monsieur Badin. Entrez donc, Monsieur Badin, et prenez un siège, je vous prie.

M. BADIN

Je suis confus...

LE DIRECTEUR

Du tout, du tout. — Dites-moi, monsieur Badin, voilà près de quinze jours que vous n'avez mis le pied à l'administration.

M. BADIN, humble.

Ne m'en parlez pas !...

EST-CE QUE MONSIEUR BADIN EST LA?

LE DIRECTEUR

Permettez! C'est justement pour vous en parler, que je vous ai fait prier de passer à mon cabinet. — Voilà, dis-je, près de quinze jours que vous n'avez mis le pied à l'administration. Tenu au courant de votre absence par votre chef de bureau, et inquiet pour votre santé, j'ai envoyé six fois le médecin du ministère prendre chez vous de vos nouvelles. On lui a répondu six fois que vous étiez à la brasserie.

M. BADIN

Monsieur, on lui a menti. Mon concierge est un imposteur que je ferai mettre à la porte par le propriétaire.

LE DIRECTEUR

Fort bien, Monsieur Badin, fort bien: ne vous excitez pas ainsi.

M. BADIN

Monsieur, je vais vous expliquer. J'ai été retenu chez moi par des affaires de famille. J'ai perdu mon beau-frère...

LE DIRECTEUR

Encore!

M. BADIN

Monsieur...

LE DIRECTEUR

Ah çà! Monsieur Badin, est-ce que vous vous fichez de moi?

M. BADIN

Moi!...

LE DIRECTEUR

A cette heure, vous avez perdu votre beau-frère, comme déjà, il y a trois semaines, vous aviez perdu votre tante, comme vous aviez perdu votre oncle le mois dernier, votre père à la Trinité, votre mère à Pâques!... Sans préjudice, naturellement, de tous les cousins, cousines, et autres parents éloignés que vous n'avez cessé de mettre en terre à raison d'un au moins la semaine! Quel

ENTREZ DONC, MONSIEUR BADIN

massacre! non, mais quel massacre! A-t-on idée d'une boucherie pareille!... Et je ne parle ici, notez bien, ni de la petite sœur qui se marie deux fois l'an, ni de la grande qui accouche tous les trois mois. Eh bien, Monsieur, en voilà assez. Que vous vous moquiez du monde, soit! mais il y a des limites à tout, et si vous supposez que l'administration vous donne deux mille quatre cents francs pour que vous passiez votre vie à marier les uns, à enterrer les autres, ou à tenir sur les fonts baptismaux, vous vous mettez le doigt dans l'œil!

M. BADIN

Monsieur le Directeur...

LE DIRECTEUR

Taisez-vous! Vous parlerez quand j'aurai fini! — Vous êtes ici trois employés attachés à l'expédition : vous, M. Soupe et M. Fairbatu. M. Soupe en est aujourd'hui à sa trente-septième année de service, et il n'y a plus à attendre de lui que les preuves de sa vaine bonne volonté. Quant à M. Fairbatu, c'est bien simple : il place des huiles en province!... Alors quoi? Car voilà pourtant où nous en sommes, et il est inouï de penser que sur trois expéditionnaires, l'un soit gâteux, le second voyageur de commerce et le troisième à l'enterrement depuis le jour de l'an jusqu'à la Saint-Sylvestre!... Et naïvement vous vous êtes fait à l'idée que les choses pouvaient continuer de ce train?... Non, M. Badin; cent fois non! J'en suis las, moi, des enterrements, et des mariages, et des baptêmes!... Désormais, c'est de deux choses l'une : la présence ou la démission! Choisissez! Si c'est la démission, je l'accepte! Je l'accepte à l'instant même. Est-ce clair? Si c'est le contraire, vous me ferez le plaisir d'être ici chaque jour sur le coup de midi, et ceci à partir de demain. Est-ce clair? J'ajoute que le jour où la fatalité, cette fatalité odieuse qui vous poursuit, semble se faire un jeu de vous persécuter, viendra vous frapper de nouveau dans vos affections de famille, je vous balancerai, moi! Est-ce clair?

M. BADIN

Ah! vous me faites bien de la peine, Monsieur le Directeur! A la façon dont vous me parlez, je vois bien que vous n'êtes pas content.

TAISEZ-VOUS!...

LE DIRECTEUR

Allons donc! Mais vous vous trompez; je suis fort satisfait au contraire!

M. BADIN

Vous raillez.

LE DIRECTEUR

Moi!... Monsieur Badin?... que j'eusse une âme si traîtresse!... qu'un si lâche dessein....

M. BADIN

Si, Monsieur; vous raillez. Vous êtes comme tous ces imbéciles qui trouvent plaisant de me taper sur le ventre et de m'appeler employé pour rire. Pour rire!... Dieu vous garde, Monsieur, de vivre jamais un quart d'heure de ma vie d'employé pour rire!

LE DIRECTEUR, étonné.

Pourquoi cela?

M. BADIN

Ecoutez, Monsieur. Avez-vous jamais réfléchi au sort du pauvre fonctionnaire qui, systématiquement, opiniâtrement, ne veut pas aller au bureau, et que la peur d'être mis à la porte, hante, poursuit, torture, martyrise, d'un bout de la journée à l'autre?

LE DIRECTEUR

Ma foi non.

M. BADIN

Eh bien, Monsieur, c'est une chose épouvantable, et c'est là ma vie, cependant. Tous les matins, je me raisonne, je me dis : « Va au bureau, Badin; voilà plus de huit jours que tu n'y es allé! » Je m'habille, alors, et je pars; je me dirige vers le bureau. Mais, ouitche! j'entre à la brasserie; je prends un bock... deux bocks... trois bocks! Je regarde marcher l'horloge, pensant : « Quand elle marquera l'heure, je me rendrai à mon ministère. » Malheureusement, quand elle a marqué l'heure, j'attends qu'elle marque le quart; quand elle a marqué le quart, j'attends qu'elle marque la demie!...

AUSSI, JE ME FAIS UNE BILE!...

LE DIRECTEUR

Quand elle a marqué la demie, vous vous donnez le quart d'heure de grâce....

M. BADIN

Parfaitement! Après quoi je me dis : « Il est trop tard. J'aurais l'air de me moquer du monde. Ce sera pour une autre fois! » Quelle existence! Quelle existence! Moi qui avais un si bon estomac, un si bon sommeil, une si belle gaîté, je ne prends plus plaisir à rien, tout ce que je mange me semble amer comme du fiel! Si je sors, je longe les murs comme un voleur, l'œil aux aguets, avec la peur incessante de rencontrer un de mes chefs! Si je rentre, c'est avec l'idée que je vais trouver chez le concierge mon arrêté de révocation! Je vis sous la crainte du renvoi comme un patient sous le couperet!... Ah! Dieu!...

LE DIRECTEUR

Une question, Monsieur Badin. Est-ce que vous parlez sérieusement?

M. BADIN

J'ai bien le cœur à la plaisanterie!... Mais réfléchissez donc, Monsieur le Directeur. Les deux cents francs qu'on me donne ici, je n'ai que cela pour vivre, moi! que deviendrai-je, le jour, inévitable, hélas! où on ne me les donnera plus? Car, enfin, je ne me fais aucune illusion : j'ai trente-cinq ans, âge terrible où le malheureux qui a laissé échapper son pain doit renoncer à l'espoir de le retrouver jamais!... Oui, ah! ce n'est pas gai, tout cela! Aussi, je me fais un sang!... — Monsieur, j'ai maigri de vingt livres, depuis *que je ne suis jamais* au ministère! (Il relève son pantalon.) Regardez plutôt mes mollets, si on ne dirait pas des bougies. Et si vous pouviez voir mes reins! des vrais reins de chat écorché; c'est lamentable. Tenez, Monsieur (nous sommes entre hommes, nous pouvons bien nous dire cela), ce matin, j'ai eu la curiosité de regarder mon derrière dans la glace. Eh bien! j'en suis encore malade, rien que d'y penser. Quel spectacle! Un pauvre petit derrière de rien du tout, gros à peine comme les deux poings!... Je n'ai plus de fesses; elles ont fondu! Le chagrin, naturellement; les angoisses continuelles, les affres!... Avec ça, je tousse la nuit, j'ai des transpirations; je me lève des cinq et six

UN PETIT DERRIÈRE DE RIEN DU TOUT !...

fois pour aller boire au pot-à-eau !... (Hochant la tête.) Ah ! Ça finira mal, tout cela ; ça me jouera un mauvais tour.

LE DIRECTEUR, ému.

Eh bien ! mais, venez au bureau, Monsieur Badin.

M. BADIN

Impossible, Monsieur le Directeur.

LE DIRECTEUR

Pourquoi ?

M. BADIN

Je ne peux pas.... Ça m'embête.

LE DIRECTEUR

Si tous vos collègues tenaient ce langage....

M. BADIN, un peu sec.

Je vous ferai remarquer, Monsieur le Directeur, avec tout le respect que je vous dois, qu'il n'y a pas de comparaison à établir entre moi et mes collègues. Mes collègues ne donnent au bureau que leur zèle, leur activité, leur intelligence et leur temps : moi, c'est ma vie que je lui sacrifie ! (Désespéré.) Ah ! tenez, Monsieur, ce n'est plus tenable !

LE DIRECTEUR, se levant.

C'est assez mon avis.

M. BADIN, se levant également.

N'est-ce pas ?

LE DIRECTEUR

Absolument. Remettez-moi votre démission ; je la transmettrai au Ministre.

M. BADIN, étonné.

Ma démission ? Mais, Monsieur, je ne songe pas à démissionner ; je demande seulement une augmentation.

JE DEMANDE UNE AUGMENTATION

LE DIRECTEUR

Comment, une augmentation !

M. BADIN, sur le seuil de la porte.

Dame, Monsieur, il faut être juste. Je ne peux pourtant pas me tuer pour deux cents francs par mois.

RIDEAU

L'Extra-Lucide

SAYNÈTE EN UN ACTE

Représentée pour la première fois au CARILLON le 17 mai 1897.

PERSONNAGES

Mᵐᵉ PRUDENCE. . . . .   Louise France.

M. LEDAIM. . . . .   M. Tervil.

Les simili-gravures ont été reproduites d'après les photographies de MM. Cautin et Berger.

L'Extra-Lucide

A ÉMILE BENOIT

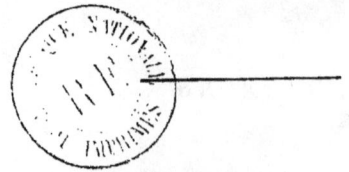

Le cabinet de consultations de Mme Prudence, somnambule.

Ameublement d'un rococo à tirer les larmes des yeux. Sièges de velours sang-de-bœuf passé, aux dossiers d'acajou hérissés de tête de sphinx. Sur la cheminée, une pendule Empire, dont le cadran d'acier bruni marque l'heure, entre quatre colonnettes d'albâtre qui ont l'air de vouloir le mener au poteau d'exécution. Sur la commode, de chaque côté d'un petit coffret caparaçonné de coquillages, deux hauts bouquets s'épanouissent en des vases de porcelaine cerclés d'or. Au mur, des diplômes encadrés.

Près de la fenêtre que masquent d'épaisses mousselines, Mme Prudence, au sein d'un fauteuil Voltaire, sirote un petit verre de cognac. Ses mains potelées de matrone bien portante reposent sur ses vastes cuisses. Elle a les pieds sur une chaufferette. Soudain, coup de sonnette. Précipitamment, Mme Prudence cache son petit verre et feint d'être plongée en un profond sommeil.

SCÈNE PREMIÈRE ET UNIQUE

M. LEDAIM
que vient d'introduire une bonne au service de Mme Prudence.

C'est ici le sanctuaire !... (Il ôte son chapeau.) Certes, je ne suis pas poltron; ça ne fait rien; je ne sais quelle émotion étrange.... Allons, pas d'enfantillage ! Soyons homme, tonnerre de bleu ! (Il s'approche de Mme Prudence.) Madame ! Madame !

Mme PRUDENCE, endormie.

Qui m'appelle ?

M. LEDAIM

Madame, c'est pour avoir une consultation.

Mme PRUDENCE

Une consultation !

Mme PRUDENCE SIROTE UN PETIT VERRE DE COGNAC

MADAME, C'EST POUR AVOIR UNE CONSULTATION

M. LEDAIM

Oui, Madame.

Mme PRUDENCE, d'une voix profonde.

Oh!... que je suis donc fatiguée!...

M. LEDAIM, révolutionné.

Cette voix!!! (Haut.) Un peu de courage, Madame : nous en avons pour une minute.

Un temps. Mme Prudence soupire.

M. LEDAIM

Vous m'entendez?

Mme PRUDENCE

Oui... Je vous entends.

Nouveau silence, puis :

Mme PRUDENCE, d'une voix caverneuse.

Tournez-vous à droite.

M. Ledaim, un peu étonné, obéit.

Mme PRUDENCE, d'une voix sépulcrale.

Sur la commode....

M. LEDAIM, de plus en plus surpris.

Sur la commode?

Mme PRUDENCE

Oui.... Voyez-vous un petit coffret?...

M. LEDAIM

Un coffret de coquilles? Parfaitement

Mme PRUDENCE

Ouvrez-le.

M. Ledaim pâle d'émotion, lève le couvercle du petit coffret.

Mme PRUDENCE, d'une voix véritablement surnaturelle.

Mettez-y vingt francs.

DÉPOSEZ VINGT FRANCS!

M. LEDAIM

Ah! pardon! (A part.) Non, mais c'est cette voix! c'est cette voix!... Ah! nous vivons dans l'inconnu! La nature détient des secrets que notre pauvre espèce humaine tenterait en vain d'approfondir.

Il dépose vingt francs dans le coffret.

Mme PRUDENCE

... Approchez-vous... (M. Ledaim s'approche.) Prenez-moi la main.. (M. Ledaim lui prend la main.) Questionnez.

M. LEDAIM

— Mon Dieu, Madame, c'est bien simple. Je revenais de mon bureau ; il était six heures et demie. Au moment de me mettre à table, ma femme, qui tournait un roux dans la cuisine, me cria : « Surveille donc mon roux, qu'il ne brûle pas. Je descends acheter des oignons. » Elle me passa la cuiller à pot, s'en alla... et ne reparut plus. Y a de ça huit jours ! (Il lève les bras au ciel.) Huit jours, Seigneur!... Et ne pas seulement savoir si elle est morte ou vivante! Avec ça, elle était sortie sans chapeau; le froid de la rue l'aura saisie. Pour moi, elle est à l'hôpital avec une fluxion de poitrine.... Enfin, voilà, je voudrais bien être fixé, savoir un peu à quoi m'en tenir....

Mme PRUDENCE

Pourriez-vous me confier... un objet... ayant appartenu à cette personne?

M. LEDAIM

J'ai apporté ça.

Il tire de son portefeuille un de ces petits peignes de poche dont se servent les femmes pour se lisser les tempes, rétablir sur leurs fronts le bel arrangement de leurs frisettes, et le livre à Mme Prudence qui y laisse errer ses doigts.
Deux minutes s'écoulent. Grand silence. On entend distinctement battre le cœur de M. Ledaim.

Mme PRUDENCE

... Je suis fatiguée.... Je vois mal.... Aidez-moi.

M. LEDAIM

Comment faut-il faire?

JE VOIS!... C'EST UN PETIT DÉMÊLOIR

Mme PRUDENCE

... Condensez votre volonté.... Amenez-en sur moi tout l'effort...

> M. Ledaim condense sa volonté. Il pince les lèvres. Sur ses yeux en boules de jardin, ses sourcils s'abaissent pesamment, comme des devantures de boutiques. Son visage tendu et dur évoque le masque d'une personne atteinte de constipation, qui se consume en efforts stériles.

Mme PRUDENCE

Ordonnez-moi de voir.

M. LEDAIM

Je vous l'ordonne !

Mme PRUDENCE

Dites : « Voyez! »

M. LEDAIM

Voyez!!!

Mme PRUDENCE

... Bien.... Assez.... (Éprouvant du bout de son index, d'un délicat toucher d'aveugle, chacune des dents du petit peigne :)... Je vois.... C'est un petit démêloir....

M. LEDAIM, émerveillé.

En effet!

Mme PRUDENCE

... Il a servi à une femme....

M. LEDAIM, confondu.

C'est exact! (A part.) Elle est extraordinaire; il n'y a pas à dire. (Haut.) Cette femme, la voyez-vous?

Mme PRUDENCE

... Oui.... (Un temps.) Elle est au lit.

M. LEDAIM

Au lit?

Mme PRUDENCE

Au lit.

M. LEDAIM, qui défaille d'anxiété.

Avec une fluxion de poitrine?

Mme PRUDENCE

Non; avec un homme qui la pelote.

VOYEZ!... JE VOUS ORDONNE DE VOIR!

M. LEDAIM, éclatant comme un siphon d'eau de seltz.

Ça y est !... J'aurais dû m'en douter ! Ah ! sang du Christ ! ventre du pape ! faut-il que les femmes soient canailles et que les hommes soient idiots !... Et quand on pense que depuis huit jours je passe ma vie à la Morgue !...

> L'indignation le prend à la gorge. Il défait le nœud de sa cravate, entre-bâille le col de sa chemise. Nouveau silence. Au souffle haletant de M. Ledaim, se mêle la respiration régulière de Mme Prudence endormie.
> Enfin :

M. LEDAIM

en proie à une violente émotion, mais qui s'efforce d'être calme.

Et cet homme, vous le voyez aussi ?

Mme Prudence reste muette.

M. LEDAIM

Répondez !

Mme PRUDENCE

... Oui..., non.... Je ne sais pas...

M. LEDAIM, d'un ton de commandement.

Voyez-le.

> Il recondense sa volonté et accable Mme Prudence d'un geste à la Balsamo.

Mme PRUDENCE

Assez !... Ah ! assez !... je vous en prie !... Vous allez me faire avoir une attaque de nerfs....

M. LEDAIM, impitoyable.

Je vous ORDONNE de voir cet homme ! je VEUX que vous le voyiez !

Mme PRUDENCE, dominée.

... Je le vois.

M. LEDAIM

Ah ! — Veuillez me le dépeindre, en ce cas.

Mme PRUDENCE

... C'est un homme... entre deux âges.

LE NOM DE CET HOMME!

M. LEDAIM, très attentif.

Entre deux âges. Parfaitement.

Mme PRUDENCE

... Visage... ovale.

M. LEDAIM

Bon.

Mme PRUDENCE

... Menton rond...; nez... ordinaire...; bouche... moyenne...; yeux... quelconques....

M. LEDAIM, après avoir longuement rêvé.

J'interroge en vain mes souvenirs; je ne vois personne dans mes relations qui réponde à ce signalement. Il est un peu vague, d'ailleurs. Ne pourriez-vous le compléter par quelques détails plus précis?

Mme PRUDENCE

... Je puis vous dire... le nom... de l'homme....

M. LEDAIM, qui bondit.

Son nom?... Vous pouvez me dire son nom?

Mme PRUDENCE

... Oui....

M. LEDAIM

Et cela n'est pas encore fait!!!

Mme PRUDENCE

... C'est que... je suis si lasse!... si lasse!... Il faudrait... redonner... vingt francs.

M. LEDAIM

Je ne regarde pas à l'argent lorsque mon honneur est en jeu — Voici un louis. — Le nom de cet homme?

Mme PRUDENCE, *enfouissant les vingt francs en les profondeurs de sa poche.*

Merci! (Un temps.) Il s'appelle Joseph.

FIN

---

38 852. — Imprimerie LAHURE, 9, rue de Fleurus, Paris.

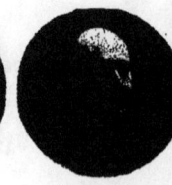

Léon Abric — Alph. Allais — Tristan Bernard — Alf. Capus — G. Courteline — L. Cressonnois

LES
Pièces
à Succès

F. Galipaux — Aug. Germain — H. de Gorsse — H. Kistemaeckers — Jules Lévy

Xanrof — Pierre Wolff — Ernest Vois — Pierre Veber — L. Trézenik

---

1re Série

Numéros 1 à 25

PARIS
ERNEST FLAMMARION, ÉDITEUR
26, RUE RACINE, PRÈS L'ODÉON

L. Tiercelin — Ed. Norès — A. Monjardin — R. Millanvoye — Ch. Meyreuil — Oscar Méténier

Table des Matières

Numéros

Méténier (O.). — Lui !.	1
Courteline (G.). — La Cinquantaine	2
Trézenik (L.). — Le Ménage Rousseau	3
Méténier (O.). — En Famille	4
Capus (Alfred). — Mon Tailleur	5
Vois (Ernest) et Monjardin (A.). — Monsieur Adolphe	6
Méténier (O.). — La Casserole	7
Allais (A.) et Tristan Bernard. — Silvérie ou les Fonds hollandais	8
Méténier (O.). — La Revanche de Dupont l'Anguille, 2 actes	9 et 10
Vois (E.). — Une Manille	11
Tiercelin (Louis). — Le Sacrement de Judas	12
Courteline (G.) et Ed. Norès. — Le Gendarme est sans pitié	13
Lévy (Jules). — Les Affaires étrangères	14
Gorsse (H. de) et Meyreuil (Ch.). — Caillette	15
Bernard (Tristan). — Le seul Bandit du Village	16

TABLE DES MATIÈRES

Veber (Pierre) et Abric (Léon). — Paroles en l'air.	17
Courteline (G.). — Monsieur Badin, 1 acte. — L'extra-Lucide, 1 acte.	18
Xanrof. — Trop Aimé, 1 acte. — Réfractaire, 1 acte	19
Millanvoye (B.) et Cressonnois (L.). — Le Portrait.	20
Veber (Pierre). — L'Ami de la Maison	21
Wolff (Pierre). L'Inroulable.	22
Galipaux (F.). — La Soirée Bourgeois.	23
Germain (Auguste). — Les Chaussons de Danse	24
Kistemaeckers (H.). — Dent pour Dent	25